C'est beau l'amour !

Histoire
Christine Sagnier

Images
Caroline Hesnard

Conception
Émilie Beaumont

FLEURUS

FLEURUS ÉDITIONS, 15-27 rue Moussorgski, 75018 PARIS
www.fleuruseditions.com

— Une vraie princesse !
C'est le coiffeur qui l'a dit en faisant tourner mon fauteuil pour que je puisse m'admirer dans la glace. Devant, derrière et même sur les côtés, j'avais des boucles partout ! C'était trop beau ! Et je ne portais pas encore ma robe de petite fille d'honneur. Une robe dessinée rien que pour moi par la sœur de Pierre, mon faux père. Il faut dire que Caroline est costumière de théâtre. Ça aide. Et comme sa petite sœur, Juliette, se mariait, c'est elle qui a créé sa robe, et la mienne aussi. Je suis descendue

précautionneusement de mon siège, le cou raide comme celui d'une autruche. Pas question d'abîmer mes bouclettes ! Ah non ! Maman a réglé et nous sommes parties. Il n'y avait pas de temps à perdre : la cérémonie avait lieu en début d'après-midi, à une centaine de kilomètres. Une fois sur le trottoir, Maman m'a pris la main et fuitttt ! elle a filé comme une flèche. Moi, je courais à ses côtés, les yeux scotchés aux vitrines des magasins. J'y voyais

mon reflet et mes boucles qui ondulaient, ondulaient, ondulaient... Pas de chance : il y avait un poteau au milieu du trottoir. Bong ! J'ai foncé dedans. Cette fois, c'est ma tête qui a ondulé. Maman s'est arrêtée, les yeux écarquillés.

— Ça va, Lola ?

Trop que non, ça n'allait pas : j'allais avoir une bosse. Grosse comme un melon.

— Tu as très mal, Lola ?

J'ai hoché la tête en tâtant mon front du bout des doigts.

— Je... je vais être moche...

— Un peu de fond de teint, on n'y verra rien.
Arrivée à la maison, j'ai cavalé jusqu'à la glace du salon. Misère ! J'étais la femme de Quasimodo. Sauf que ma bosse, je la portais sur la figure.
Maman m'a rejointe, un tube de crème à la main.
— Un petit massage, et ça va disparaître...
Tu parles ! Une heure plus tard, je grignotais un sandwich dans la cuisine avec mon frère, Tom, qui se fichait de moi.
— Il n'y a pas idée non plus de se battre avec un poteau !

— Laisse ta sœur tranquille ! a crié Maman en jaillissant de sa chambre, ma petite sœur Romane à cheval sur sa hanche.

Tom a fixé le grand décolleté de sa robe, l'air consterné.

— Tu vas sortir comme ça ?

— Il y a quelque chose qui cloche ?

— Non, non... Mais tu n'as pas trente ans...

— Merci du compliment, a répliqué Maman, mi-figue mi-raisin.

Pierre est apparu à son tour en riant.

— Tom, il va falloir que tu apprennes à parler aux femmes.
— Ce n'est pas une femme, c'est Maman, a grogné mon frère.
Pauvre Maman ! Pierre a passé un bras autour de son cou pour la consoler. Mais c'était oublier Croquette, qui est encore plus jalouse que Tom. Illico, elle a sauté sur eux, comme chaque fois qu'ils s'embrassent. Pour de vrai, je suis comme Croquette : ça me gêne quand

Pierre fait un bisou à Maman. C'est vrai, quoi, ce n'était pas pareil quand c'était Papa. J'ai donc tourné la tête et bouché mes oreilles. Parce que Croquette aboyait comme une folle, ce qui excitait Romane, qui poussait des cris de joie. Maman a sermonné Romane et houspillé Croquette.

Une demi-heure plus tard, le silence était revenu, nous étions en voiture. En route pour le mariage ! Et la route, moi, ça m'endort. Sauf qu'il n'était pas question que je repose ma tête sur quoi que ce soit. Pour avoir une coupe frise à plat, merci bien ! Le problème, c'est que tout le monde s'est endormi, excepté Pierre, puisqu'il conduisait. Et moi. N'empêche que mes yeux me piquaient drôlement. La faute aux ronflements de Croquette dans mon oreille. Quand on est arrivés, mes paupières pesaient deux cents tonnes. Mais ça n'a pas duré, car Madeleine et Jean, les parents de Pierre, nous attendaient devant le portail. Lorsqu'ils ont ouvert ma

portière, un ouragan a soufflé dans la voiture. Croquette a oublié d'aboyer : Madeleine parlait bien trop vite, bien trop fort. Maman s'est réveillée en sursaut, tout comme Tom et Romane, qui ont ouvert un œil hagard.

— C'est à cette heure-là que vous arrivez ! ululait Madeleine. Caroline vous attend depuis des siècles...

Et blablabla et blablabla....

Pierre est tranquillement sorti de la voiture.

— Bonjour, Maman, bonjour, Papa. Comment allez-vous ?

— Comment va-t-on ? a soupiré Jean. Regarde ta mère...

— Mal, ça va très mal, a renchéri Madeleine. Juliette éclate dans sa robe et le pâtissier n'a pas livré la pièce montée !

— Il n'est qu'une heure de l'après-midi...

— Justement ! Il avait dit onze heures.

— Tu connais ta mère, a soufflé Jean en

l'entraînant vers la maison. Encore heureux qu'elle ait accepté de faire appel à un traiteur pour le buffet. Oh là là ! Le buffet version Mamie charbon, je n'osais même pas y penser. Parce que Madeleine, elle brûle tout ce qu'elle touche. S'il n'y avait pas le feu dans la cuisine, en revanche, ça bouillonnait dans le bureau de Jean, où Caroline avait installé son atelier de couture.

— Pas d'hommes ici ! a-t-elle tonné en entendant Jean et Pierre arriver.

— C'est comme ça, a claironné Maman avant de leur faire un pied de nez.

En entrant dans le bureau, j'ai vu une fée.

— Ooooooh ! Que tu es belle, Juliette !

— Et toi, tu as l'air d'un ange avec tes boucles.

— Plutôt d'une catcheuse après un KO ! a crié Tom derrière mon dos.

— Laisse-le dire, a sifflé Caroline, une aiguille entre les dents. C'est le dernier essayage.

J'espère que tu n'as pas grossi. Parce que Juliette me fait plein de misères. Une mariée enceinte, c'est le pire des casse-tête pour une couturière !

— Alors, c'est pour quand ? a demandé Maman.

— Mi-mars...

J'ai compté sur mes doigts : un bébé en mars, j'ai trouvé ça bizarre, vu qu'on était en août et qu'un bébé, il faut neuf mois pour le fabriquer. Mais Caroline m'a demandé de lever les bras pour enfiler ma robe. Aussitôt, j'ai tout oublié, le bébé, ma bosse et même mes bouclettes. La robe était tellement merveilleuse ! J'ai fait un tour complet : le jupon s'est gonflé.

Je planais, légère, comme dans une bulle de savon. Mais paf ! ma bulle a éclaté. Madeleine a fait irruption dans le bureau, le chapeau de travers et la robe chou à la crème. Genre : la reine d'Angleterre.

— C'est l'heure, c'est l'heure ! criait-elle. Il faut y aller !

Caroline a fixé le voile sur le chignon de Juliette, Maman a passé un peu de poudre sur ma bosse et hop ! nous nous sommes tous retrouvés sur le trottoir.

— Et le pâtissier n'est toujours pas passé, s'est lamentée Madeleine en s'engouffrant dans la voiture, à côté de Pierre, tandis que Maman s'installait à l'arrière, entre Romane et moi. Quant à Tom, il montait avec Jean.

— Dis, Maman, ai-je soufflé, comment Juliette peut-elle être enceinte puisqu'elle n'est pas mariée ?

— La charrue avant les bœufs, a ronchonné Madeleine.

— On peut avoir un bébé sans être mariée, a expliqué Maman. Tu vois bien Caroline :

elle n'a pas de mari et elle a deux enfants.

— Mais alors, ça sert à quoi de se marier ?

— À faire la fête... a lancé Pierre, ignorant le regard courroucé de sa mère.

Sur la place de la mairie, il y avait encore plus de monde. Et des chapeaux, des grands, des ronds, des hauts... Et des sourires à pleines dents. Et d'autres reines d'Angleterre, orange, roses, bleu ciel, que je ne connaissais pas et qui m'embrassaient avec leurs lèvres humides.

Pouah ! J'aurais voulu m'essuyer, mais elles roucoulaient sans me quitter des yeux :

— Quelle jolie petite fille d'honneur !

Aussi, lorsque Adam, le fils de Caroline, m'a tirée par le bras pour m'entraîner avec lui, j'étais soulagée. Pourtant, Adam, c'est un casse-pompon, comme dit mon Papi.

— Regarde, a-t-il fait en fourrant sa main entière dans sa bouche. Ma dent, elle bouge...

— Si elle tombe, tu auras du sang plein ta...

À cet instant, une flèche a traversé mon cœur.

J'ai senti une boule de feu enflammer mes joues. Devant moi, il y avait un garçon aussi beau que Mehdi, le meilleur ami de mon frère, mon amoureux secret. Sauf qu'un garçon aussi beau que Mehdi, ça ne pouvait pas exister !
J'ai frotté mes yeux et passé les doigts dans mes cheveux pour vérifier que mes belles boucles étaient toujours parfaites.
Alors, Caroline est arrivée.
— Lola, Antoine, nous avons besoin de vous !

Deux minutes plus tard, Antoine – c'était donc le nom du garçon – et moi avancions côte à côte, lentement, très lentement, derrière la mariée. Juliette avait un long, long voile qui ne devait pas traîner par terre. Moi non plus je ne touchais pas terre, je flottais au-dessus du sol, sans oser regarder Antoine. En glissant un œil sur le côté, j'ai croisé les yeux de mon frère, qui parlait dans l'oreille d'Anaïs, la sœur d'Adam. Pour de vrai, sa robe pleine de trous et son nombril à l'air semblaient moins le gêner que le

décolleté de Maman. Ensuite, on s'est assis au premier rang, Antoine, Adam, Coline, la petite sœur d'Antoine, qui avait l'air d'une poupée dans sa tenue de princesse, et moi. Après, je me rappelle que les mariés se sont embrassés longuement. Puis, une fois sortis de la mairie, un photographe nous a mitraillés en hurlant « Cheese ! », « Camembert ! »

À force, j'avais l'impression d'avoir deux pinces à linge suspendues aux oreilles pour y accrocher mon sourire. Et ça faisait mal.

Mais le pire, c'est quand il m'a demandé de m'installer devant Juliette et Damien, son tout nouveau mari, et qu'il a dit à Antoine de me donner la main. Lorsqu'on s'est touchés, il y a eu de l'électricité. Une énorme décharge, même. Un éclair. Sans rire, c'était un signe. Après, on est tous allés à pied jusqu'à l'église. Là, c'était comme dans un rêve. Il y avait de la musique et des fleurs partout, et Antoine qui marchait à côté de moi, toujours très lentement. Ensuite, on s'est assis et le curé a commencé à parler, parler, parler. Adam s'est mis à gigoter sur sa chaise. Un vrai asticot. Le dossier a fini par basculer sur les genoux de la dame assise derrière lui. C'était trop drôle. N'empêche qu'il s'est fait gronder tout doucement, mais très fort quand même. Enfin, le curé a cédé la parole à Damien.

— Moi, Damien, déclare te prendre, toi, Juliette, pour épouse légitime à partir de ce jour, pour le meilleur et pour le pire, dans la richesse et dans la pauvreté...

Punaise, il avait des idées drôlement noires, Damien, le jour de son mariage ! Pourtant, ça n'inquiétait personne. Et surtout pas la maman d'Antoine, qui s'est penchée vers Coline pour lui confier une jolie petite boîte.

— Tiens, Coline, tu vas donner ça au curé. Tu vois, le grand monsieur devant Juliette.

Coline a jeté un œil méfiant au curé. Il faut dire qu'un moustachu en robe longue, ça peut inquiéter quand on n'a pas l'habitude. Je me suis penchée vers elle pour l'encourager.

— Le monsieur en blanc...

Au lieu de bouger, elle a ouvert la boîte. Quand elle a découvert les deux bagues, elle a refermé le couvercle et serré très fort l'écrin contre son cœur. Gentiment, j'ai essayé de le lui prendre. Alors, la jolie poupée s'est transformée en cannibale : elle a ouvert grand la bouche pour me mordre. J'ai lâché prise. Elle a rugi.
Toutes les têtes se sont tournées vers nous.
Mes cheveux se sont dressés tout droit sur mon crâne. Adieu, bouclettes !

— T'inquiète, m'a soufflé Antoine, elle est toujours comme ça.

Peut-être, mais il a fallu faire une pause au milieu de la messe, le temps que le papa de Coline coure chercher le doudou de sa fille dans la voiture et procède à un échange de trésors : le doudou contre les alliances. Quant à la boîte, Coline n'a jamais voulu la rendre. Après, évidemment, le curé était hyper- pressé. Il y avait un bouchon à l'entrée de l'église : d'autres mariés qui attendaient leur tour. On est enfin sortis sous

une pluie de pétales de roses. C'était magique.
— Moi, je me marierai à la basilique Saint-Pierre, a déclaré Antoine.
Je ne savais pas où elle était, sa basilique, ni ce que c'était, une basilique, mais ça devait être très beau, et je ne voulais pas être en reste.
— Moi, à l'abbaye de Vesmister !
— Où ça ? a demandé Antoine, qui, visiblement, n'avait pas regardé le mariage du prince d'Angleterre à la télévision.
— Westminster, rien que ça ! a commenté mon

frère en me jetant une poignée
de pétales sur la tête.
Ensuite, tout le monde s'est retrouvé chez Madeleine et Jean. Le jardin était plein à craquer. Plop, plop, plop ! Des bouteilles de champagne explosaient. Quelle fête ! Il y avait des milliers, des millions, euh... disons des centaines de petits fours. Ne manquait plus que le pâtissier, qui a enfin livré une méga-hyper-super-pyramide glacée avec, à son sommet, deux petits mariés enlacés.

— Ooooooh ! Je voudrais le même à mon mariage, ai-je décrété, hypnotisée.
— Moi aussi, a ajouté Adam, à qui je n'avais rien demandé.
— Et si vous m'accompagniez à la cave pour m'ouvrir les portes ? a claironné Madeleine, qui avait l'air un peu pompette. Il faut que je mette le gâteau dans le congélateur.
On est descendus en procession. Antoine a ouvert le congélateur et Madeleine y a déposé la merveille. Et l'on est repartis à la queue leu leu. De retour dans le jardin, Madeleine nous a

demandé de disposer de petits bouquets sur les tables.

— C'est trop beau, un mariage ! ai-je clamé.

— Oui, mais si c'est pour divorcer après... a grogné Tom, qui rôdait autour du buffet.

— Si on est vraiment amoureux, ça vaut le coup d'essayer, a rétorqué Anaïs.

— Pour que ça marche, a affirmé Antoine, il faut faire les mêmes activités.

— Ce n'est pas faux, a concédé Tom.

Les mêmes activités ? Ça m'a laissée perplexe. Je suis allée chercher un verre de jus de fruits et, comme Antoine me suivait, je lui ai demandé :

— Tu fais quoi, comme sport, toi ?

— Du foot. Pourquoi ?

— Pour rien.

Faire du foot ? Avec le maillot, le short, les chaussures à crampons et tout ? Non, jamais ! Le temps passait trop vite. Antoine a chipé la coupe de champagne qu'une vieille dame venait de poser sur une table. Jean l'a confisquée avant qu'on ait eu le temps d'y goûter. Faute

de mieux, on a rempli une assiette de petits fours et on est allés se cacher sous une table pour manger tranquillement. Hélas, Adam est venu squatter notre cabane secrète. Rien à faire, il n'a jamais voulu partir. C'était rigolo, quand même : on entendait toutes les conversations. À un moment, on a reconnu Juliette et Damien qui gazouillaient des mots doux.

— Tu n'es pas capable de tirer sur la robe de Juliette ! a dit Adam à Antoine.

— Ça ne va pas, la tête, a chuchoté Antoine.

— Tu vois, tu n'es pas capable ! a rétorqué Adam, et sans hésiter il a glissé une main en dehors de notre tanière et empoigné la robe. J'ai eu trop peur qu'elle craque, serrée comme elle était. Ni une ni deux, Adam a pris la poudre d'escampette. Évidemment, deux secondes plus tard, le pan de la nappe se soulevait : on était découverts.
— Eh bien, les amoureux, a dit Damien, on joue aux espions ?
Le rideau blanc s'est rabattu sur notre tanière.

On n'osait plus se regarder. Puis certains invités sont partis, et d'autres sont revenus, et la nuit est tombée, les lampions et les bougies se sont allumés. C'était l'heure de passer à table. On n'avait plus très faim. Enfin, les mariés se sont mis à danser. Et Jean a invité Madeleine, Pierre a invité Maman, Caroline a invité je ne sais qui... Et Tom a pris la main d'Anaïs. Oh là là, l'amour !

— On y va ? a fait Antoine.

— D'accord...

Sauf que se faufiler parmi les grands, ce n'était pas facile. D'abord, on risquait de se faire écraser. Ensuite, il fallait encore pouvoir respirer. Ce qu'il faisait chaud ! Ma tête tournait, mes oreilles bourdonnaient. On est allés s'étendre sur l'herbe, le temps de reprendre notre souffle. C'est alors que j'ai pensé à Croquette, enfermée toute seule dans le garage. J'ai proposé à Antoine de lui rendre visite.

— Elle est comment, ta chienne ?

— Excitée, ai-je répondu en sautant sur mes pieds. C'est pour ça qu'il faut la promener en laisse, parce qu'elle aime trop faire la fête. Et pour faire la fête, elle nous a fait la fête. À peine avons-nous posé un pied dans le garage qu'elle nous a sauté dessus et slurp ! elle a nettoyé la figure d'Antoine d'un coup de langue. J'ai quand même réussi à accrocher la laisse à son collier.

— Tu viens ? ai-je crié en bondissant hors du garage derrière Croquette.

— Tu es sûre ? a hurlé Antoine dans mon dos.
Impossible de faire marche arrière. J'ai saisi la laisse à deux mains et m'y suis cramponnée.
Antoine m'a rattrapée.
— Tu veux que je t'aide ?
— T'inquiète, ai-je dit en serrant les dents.
Les talons enfoncés dans le sol, j'avais presque réussi à calmer Croquette quand boum, bim, bam ! une énorme pétarade a éclaté.
La nuit s'est illuminée d'éclairs rouges, bleus, verts... Punaise ! Un feu d'artifice ! Terrorisée,

Croquette a décollé plus haut que les fusées. La laisse s'est tendue comme un arc. J'ai entendu un crac : la bretelle de ma robe a cédé. J'ai lâché la laisse. Mais tel le chevalier qui combat le dragon pour sauver sa princesse, Antoine a plongé, les deux bras tendus, pour la rattraper. Plaf ! Il a fait un plat sur l'herbe. Les mains nouées autour de la laisse, il a glissé comme une savonnette. Finalement, Croquette a gagné : Antoine a lâché prise. Il s'est relevé en

se frottant les coudes et les genoux.
— Tu saignes ? ai-je demandé, consternée.
— Non, euh... Enfin, ça brûle un peu quand même. Et toi, ça va ?
Ce n'était pas la fin du monde, mais ça y ressemblait : la bretelle de ma robe pendait tristement et Croquette fonçait vers les danseurs ! Aïe, aïe, aïe !
— C'est la cata, ai-je soufflé en m'attendant à voir Maman fondre sur moi.

— Il y a pire. Tu aurais pu te casser le bras. Et la jambe avec !
— Oui, mais alors je ne me ferais pas gronder.
— D'accord, mais tu aurais vachement mal... Allez, viens, on va chercher Caroline. Elle va te la réparer, ta bretelle.
Antoine était mon sauveur. Sans rire : j'étais prête à m'y marier, dans sa basilique Saint-Pierre, et même à jouer au foot. On est partis à la recherche de Caroline. Elle était dans la cuisine avec Jean et Juliette. L'ennui, c'est que Maman était là, elle aussi. Et également Madeleine, effondrée sur une chaise. Au milieu de la table, il y avait le gâteau glacé. Il ressemblait à un iceberg sous le soleil du Sahara, et les petits mariés à deux équilibristes. Misère.
— Mal fermer le congélateur... gémissait Madeleine. Comment ai-je pu mal fermer le congélateur ?
Pour une bêtise, c'était une énoooorme bêtise.

Heureusement, ce n'était pas moi qui l'avais faite.
— Ça peut arriver à tout le monde, a fait Jean.
— Oui, mais pas le jour du mariage de sa fille, a hoqueté Madeleine. Je voulais tellement que ce soit parfait.
— Je ne pouvais pas rêver d'un plus beau mariage, Maman, a assuré Juliette en embrassant sa mère.
— Il n'y a plus de gâteau, a renchéri Madeleine, inconsolable.
— Il y a une montagne de macarons, a tempéré Jean.

J'ai repensé à ce que Damien avait dit dans l'église. C'était donc ça, « aimer pour le meilleur et pour le pire » : pardonner à celui qu'on aime, même quand il a fait une grosse bêtise. C'était le moment de parler à Maman. Parce que ma bêtise allait paraître minuscule maintenant.

— Maman, est-ce que tu m'aimeras toujours ? Même si j'ai fait une grosse bêtise ?

Maman m'a observée, les sourcils froncés.

— Voyons voir cette bêtise. Je parie que c'est une bretelle craquée...

— Oui... Et aussi que Croquette est sortie du garage...

— Toute seule ?

— Euh, non... Avec moi et Antoine...

— Je vois. Eh bien, on dira que c'est l'amnistie aujourd'hui. Alors, exceptionnellement, on va oublier tout ça et remettre Croquette dans le garage. Et je vais recoudre ta bretelle.

J'ai sauté à son cou et plaqué un bisou sur sa joue.

— Est-ce que je peux faire quelque chose d'abord ?

Sans attendre de réponse, j'ai attrapé les petits mariés avant qu'ils sombrent dans le lac framboise et vanille, et vroum ! je suis sortie, direction le buffet, où trônait la montagne de macarons. Hissée sur la pointe des pieds, j'ai planté les petits mariés à son sommet. J'ai vu Juliette qui m'observait avec un grand sourire. Une question me trottait dans la tête :

— Dis, Juliette, qu'est-ce qu'il fait comme sport, Damien ?

— De la boxe.

Je suis restée bouche bée. Imaginer Juliette dans sa robe de mariée, avec deux gants de boxe, c'était trop bizarre... Alors, après tout, pourquoi ne serait-ce pas Antoine qui se mettrait au poney, comme moi ?

MDS : 660915
ISBN 978-2-215-11564-9

Dépôt légal à la date de parution.
Conforme à la loi n° 49-956 du 16 juillet 1949
sur les publications destinées à la jeunesse.
Imprimé en Italie (01/13).